소소한 즐거움

박 경 수 지음

새문화출판사

쾌아 **박 경 수**

- 아호 쾌아(快兒) 경북 청도 출생
- 부산시 사상구 냉정로6주례동601
- 전 부산광역시 공무원
- 국무총리 모범공무원 표창
- 대통령 근정포장 수상
- 시창작동인회 "길" 9대 회장
- e_mail pks7695@daum.net

차 례

1부 소소한 즐거움

2부 그리운 사람아

3부 봄길 따라

4부 풀꽃 사랑

5부 코스모스 꽃길

1부

소소한 즐거움

사랑의 마음

사랑은
외롭데요.

사랑은
혼자서는 꼼짝을 못한데요

사랑을
자신이 먼저 하세요,

사랑을
자신이 먼저 나누세요.

사랑을
가만가만 담아

낮게,
낮게 다가가

사랑이
겁먹지 않게

사랑이
외롭지 않게

사랑을
나누세요.

사랑을
가없이 나누세요.

사랑의
향기로 이 세상

행복이
가득히 피어나기를

사랑을
맛나게 쓰세요.

사랑을
빛나게 팍팍 쓰세요.

내 아버지의 사랑

- 부제 : 앉은뱅이책상 -

내 집 마루에는
70년이 넘은 앉은뱅이책상이 있습니다.

내 아버지가
손수 만드신 그건

내 아버지가
자식만은 공부시켜 눈뜨게 하겠다는 그건

내 아버지의
소박한 사랑이 오롯이 녹아있습니다.

내 아이가
내 아이의 아이가

책을 읽고
퍼즐을 맞추고

그럴 때면
내 아이 때 모습이 보이고

내 아버지가
공부만 하라는 애정 어린 사랑의소리가 들리고

내 아버지가
공부하는 아이를 흐뭇하게 보시든 따스한 눈길도
선하게 보입니다.

그건
70 년 전

내 아버지의
사랑이었습니다.

어머님 전 상서

오랜만에
“참” 오랜만에 어머님께 글월 올립니다.

대구 “성수” 딸 보라가 시집가는 날
7남매 형제가족이 모여 저녁에 오붓한 시간을 가졌습니다.

서울 영자가
뜬금없이 어머님 흉내로 형제가 한동안 숙연한 마음으로
어머님을 더욱 그리게 하였습니다.

엄마는
만날 맏이인 오빠는 공부해서 사람 구실해야 한다 하고
맛있는 음식은 숨겨두고 오빠만 먹어라 주고

엄마는
만날 가시네, 는 언문만 깨우치면 되고
밭에 나가 일도하고 시집가서 아이 놓고 잘 살면 되는 거고

어머님
저 나이 고희古稀에 어머님 그리워 훌쩍이며 편지를 씁니다.
한평생을 힘들게 농사일을 하시면서 나는 괜찮다. 괜찮다.
너들은 공부만 하면 된다 하시든 뜻을 새삼 마음 조이게 합니다.

해 그름에 코흘리개 아이가 골목길에서 놀다
엄마 나 배고파하며 새까만 두 손바닥을 내밀면

아침에 먹든 꽁보리밥 덩어리를 손바닥 위에 얹고
고추를 성글게 썰어 넣은 시커먼 된장국물을 뿌려주면
한입으로 게 눈 감추듯 먹고 더 달라고 떼쓰든
그때 맛있는 꽁보리밥은 어머님의 사랑이 밴 향기였습니다.

객지에서 자취하며 공부하는 아이 왔다고
집에서 기른 닭을 삶아 먼저 먹인다고 부엌으로 데려가
살코기만 발라주신 어머님,

아이는 온 가족과 같이 먹는다고 어머님 따라 나온 잠간 사이에
통째로 고양이한테 도둑맞고
어머님께서는 새끼 가진 큰 고양이가 왔다 갔다 하드니 하시면서
자식들을 먹이지 못한 서운한 눈빛, 지금은 그립기만 합니다.

그래도 어머님
까만 무쇠 솥에 누르스름하게 방울방울 맺힌 닭 삶은 국물을
동생들과 둘러앉아 맛있게 먹는 자식들을 흐뭇하게 보시든 모습
그때 먹든 국물은 지금도 입안에 고소하게 녹아 있습니다.

어머님 또 이런 생각도 납니다.
부산시 공무원 되었다며 어머님께서 셋방을 얻어 주시고
좋아하시든 어머님
장가들고 몇 년 후 9평짜리 슬레이트 집지어 이사하고
집에 오셨을 때는 큰 아야 하고
며느리를 붙잡고는 너희들 셋방살이 할 때
주인 보기 미안해서 기침 크게 못해 봤다.
이제는 기침 크게 해도 되겠다. 하시면서 울먹이며

그렇게도 좋아하시든 어머님.

어머님사랑이
어머님의 지순한 사랑이
자식들의 몸에 배여 형제간의 큰 사랑이
늘 집안에 온기를 넘치게 하고 있습니다.

어머님 품속이
사무치게 그리워집니다.

어머님 고맙습니다.
어머님 고맙습니다.

어머님 사랑합니다.
어머님 사랑합니다.

부모님 생각

저기
머 언

하늘아래
내 고향을 바라봅니다.

고이 잠드신 부모님께
마음을 전합니다.

부모님의 정다운 얼굴이 보입니다.
부모님의 정겨운 목소리가 들립니다.

아들아

객지에서
고생 많지

여기
"우린 괜찮다"

부디
배 굶지 말고

몸조심 하거라.

엄마 생각

내
산수傘壽의 나이에

엄마
보고 싶어

엄마!
하고 불러보았네.

참 좋다 !
어슴푸레 엄마 목소리가 들린다.

“니
밥도 안 먹고 어디서 놀다 왔노,

배 고프제
밥 줄게 정지로 가자

엄마의 목소리는
가없는 사랑임을

이제야 알겠네.
엄마가 보고 싶네.

엄마
아 아 엄~마~~!!

*정지 : 부엌의 방언(경상, 제주).

길 잃은 천사

부산진역 광장 무료 급식소
노숙자들이 점심을 먹고 있다.
50대의 한 노숙자
오른손엔 밥숟갈
왼손엔 담배꽁초를 쥔 손
왠지 초라하고 어색하다.

잠시 후
점심을 먹고 나오는 그 노숙자는
평화스럽고 행복해 보인다.
나는
피우든 담배 갑을 내밀어
"필요한 만큼 가지세요."하고
공손하게 말을 건넨다.

노숙자는 "고맙습니다." 하면서
왼손에 쥔 담배꽁초를 들어 보이며
"저는 괜찮습니다."
"담배가 필요한 사람에게 주세요."
정중하게 사양하며 환하게 웃는다.

나는 노숙자에게서 비움을,
사랑을 배웠다.
비움, 사랑은 아름답다.
나는 가슴이 뭉클하여
천사가 된 마음으로 기도를 한다.
하느님! 그분을 축복하소서!

사랑은

사랑은 고운님 입니다.
누구나 쉬이 다가갈 수 있습니다.
누구나 쉬이 가질 수 있습니다.

사랑은 나눔입니다.
나눔을 할 때 사랑을 알 수 있습니다,
가슴에 스미는 따스한 사랑을
마음으로 알 수 있습니다.

사랑은 용서입니다.
용서를 할 때 사랑의 소리 들을 수 있습니다.
가슴 설레는 천상의 사랑소리
마음으로 들을 수 있습니다.

사랑은 배려입니다.
배려를 할 때 사랑을 가질 수 있습니다.
가슴에 와 닿는 다정한 사랑을
마음으로 가질 수 있습니다.

사랑은
우리 모두의 바램입니다.
우리 모두의 기쁨입니다.
우리 모두의 꿈입니다.

따스한 사람

내
방황할 때
멍청히

님에게
다가가면
내 마음 순화 되었지

내
슬플 때
멍청히

님에게
다가가면
내 마음 기쁨에 물들었지

내
외로울 때
멍청히

님에게
다가가면
내 마음 사랑으로 춤추었지

님에게
내 상처 아물고
그래서

내 마음
오래오래
머물고 싶어 했지

당신의 침묵

당신께서
7남매 맏이인 나에게 시집와
인고忍苦의 긴 세월을 인종忍從하신
당신의 침묵소리가 이제 마음으로 들립니다.

박봉으로
바닥에서 허덕이고
여울진 그리움이 밀려 올 때
당신의 침묵은 사랑이었습니다.

바보같이
얄팍한 월급봉투 내밀고
이유 없는 소리 지를 때
당신의 침묵은 용서였습니다.

아이 셋 많다고
셋방 얻기 힘들다는데
내 주변머리 없어 말 못할 때
당신의 침묵은 용기였습니다.

퇴근하여 집에 오면
살갑게 다가와 말을 하는데도
뭐라 카요, 밥 주소 배고파요 할 때
당신의 침묵은 순백한 정이였습니다.

당신께서
인고忍苦의 긴 세월을 인종忍從하신
당신의 침묵은 이제 한 뼘도
떨어질 수 없는 나의 버팀목입니다.

당신을 사랑합니다.
당신을 사랑합니다.

밥상머리

밥상머리는
언제나 살가운 정이 있다.

밥상에서
집 사람과 둘이서만
세끼 밥을 먹어 온지
어언 10여 년

세상 돌아가는 이야기
아이들 살아가는 이야기
형제들의 그리운 이야기
앞만 보고 살았든 이야기

때로는 집 사람이
달래무침 시금치나물 해 놓고
"맛있어요. 먹어봐요."재촉 하며
찬을 골라 숟갈 위에 얹어준다.

향긋한 내음 입속 가득
살살 녹아나는 맛난 이 찬

"이 달래 무침 너무 알싸해요."
"이 시금치나물은 밍밍하고요."

익살스런 반찬투정에

감사하는 마음 묻어나고

어쩌다
국물을 흘리기라도 하면
얼른 행주로 훔치면서
“잘 했어요, 참 잘 했어요!”
보시시 핀잔하는 아내가 곱다.
“나, 당신 말에 행복감 먹었어요.”
생뚱맞은 행복감 맞장구에
서로 마주보며 한참을 웃는다.

“잘 살아보세!”
70년대 새마을 운동
새벽 출근길 쫓기던 그때
서서먹고
말아먹고
굶기도 하던 그때에는 몰랐던 정이

칠순 앞둔 밥상머리
지금에서야 새록새록 솟는다.

감사합니다. 라는 말

감사합니다. 라는 말을
아이들이
제 엄마에게 하는 것을 듣고

기분이 좋아
나 혼자 흉내 내어 한번 해보니
참 민망 하더군.

한평생 같이 살면서
그 말은 처음 해보는 것이니까.

미안하고 부끄러워
집사람 등 뒤에서

아침 잘 먹었습니다.
감사합니다. 하고 살그미
말을 하는데

집사람은
뒤돌아 나직이 웃으며
고맙습니다. 답 한다.

와! 묘하게 기분이 참 좋더군.

이처럼 좋은 것을
미처 몰라 마음이 좀 슬펐지.

지금
이 기분 누구도 몰라.
참 좋은 이 기분 누구도 몰라.

감사합니다. 라는 말은
임을 사랑하고

나를
사랑합니다. 라는 말인 것임을

배추김치

우리 식탁에 자주 오르는 배추김치
엄마의 정성이 배인 사랑치다.

초복쯤에 파종을 하고 8월 중순경 밭으로 옮겨 심고
두어 달 반이 지나면 시장으로 출하한다.

엊그제 김장을 한다고
집 앞 도로 건너편에 있는 가게에서 배추 서른 포기를 사서
집 쪽마루로 나르고

다듬고 쪼개고 소금물에 절이고 물로 씻어내고,
고춧가루 마늘 생강 새우젓 멸치젓 양념장을
배추 속속들이 바르고 치대고…

또 맛낸다고 쪽파도 미나리도 청각도 굴도
중간 중간 섞어 넣었다.

맛진 김장 김치를 비닐에 싸고 플라스틱 통에 담아
서울 강이 집에는 택배로 보내고.
해운대 사는 현이는 제가 와서 가져갔다.

평생 몰랐던 이 일을 이틀간 옆에서 도와보았다.
참 힘들었다.
당신은 이 힘든 일을 혼자서 평생 해왔구나
김치는 당신의 간절한 사랑이 배인
사랑치 금치였구나!'
아이들이 맛있게 먹었으면 좋겠다.

러브 레터

사랑하는 당신에게

"부끄럽지 만은
사랑하는 당신에게 라는 말이
자꾸 솟아올라 쓰고 싶어서요.

"당신과 나 사이
속된말을 넣고 싶지 않았는데
내 가슴의 울림이에요"

대전 부산을 오고간
황갈색
러브 레터

"사랑하는 당신에게"
반세기를 사랑스런 여인과
살을 맞대면서 잊고 있었든
진솔한 사랑의 노래 러브 레터
지금 처절하게 내 가슴 울렁입니다.

"사랑하는 당신에게"
사랑은 이렇게 따뜻한 것임을
사랑은 이렇게 숭고한 것임을
가슴으로 스미는 따스한 러브레터
지금 사랑으로 불꽃 틔웁니다.

"사랑하는 당신에게"
사랑은 감사한 것임을
사랑은 지극히 행복한 것임을
내 마음 환희로 가득한 러브 레터
지금 온몸이 전율합니다.

당신의 사랑은 한이 없습니다.
당신의 사랑은 한이 없습니다.

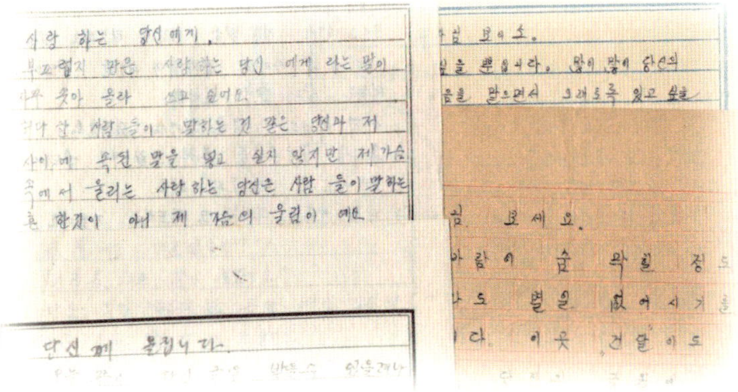

애증愛憎

콩닥콩닥
설렘으로 가슴 맞대고

알콩달콩
달콤하게 사랑하다가

삐죽삐죽
뽀로통히 삐치고

찔끔 찔끔
눈물 콧물 짜고

토닥토닥
정을 쌓아 사랑을 다독이고

사랑이 좋아 !
사랑이 좋아 !

한세상
즐거이 산다네.

자화상自畵像

나는
내 어릴 때 얼굴을 잘 모릅니다.

나는
내 아이들 어릴 때 얼굴도 잘 모릅니다.

나는
내 아이들의 아이들 얼굴은 잘 압니다.

시끌벅적
입을 헤벌리고

천방지축 뛰노는
내 아이들 아이들의 천진한 눈빛 속에

내
아이들의 얼굴을 봅니다.

내
얼굴도 봅니다.

작은 시 골 성곡聖谷
작은 농사꾼 아들

내가
바쁘게 살아왔습니다.

내가
한참을 바쁘게 살아왔습니다.

독백獨白

산에 올라
산을 보았네.

더 높고
더 깊은 산을 보았네.

서기瑞氣
서린

산은
묵묵히

그윽이
거룩하였네.

내
추한 마음

부끄러워
어지러이

산을
내려오니

산은
나를 보고

참되게
살라 하네.

책의 향기

책이 좋아
책방에 들려 책을 샀는데

책장에 꽂아 놓고
멋으로 나를 포장하고 있다.

수많은 생각이 글이 되고
수많은 사람들이 읽고 있는 것을

가까이 두고 멀리한
긴 지난날들이 두렵다.

언제부턴가
빛바랜 책갈피에서

향기가 난다.
향기소리가 난다.

향기에 취하고
흠뻑 마음 적시니

향기가 전신에 배여
내 마음 내면이 자유롭다.

화려하다.
책의 향기가.

시혼詩魂

사랑하는 마음으로
글을 씁니다.

향기 나는 눈빛으로
세상을 봅니다.

생각하며
그리워하며

방황하며
두려워하며

가슴 아프게
가슴 뜨겁게

온 마음으로
온 정신으로

사랑의 영혼으로
시어詩語를 담아

온 누리에
고운 맘 새기는

사랑의
빛입니다

사랑의
노래입니다.

소소한 즐거움

내 지금 고희古稀의 나이로
좋은 시 쓰고 싶다고
사랑 받는 시 쓰고 싶다고
배낭에 김밥 두 줄 넣고
'소주"도 한 병 넣고
금정산을 오른다.

서둘지 않고 느리게
성지 곡 수원지를 지나
참 샘에서 물병에 물도 채우고
남문에서 배낭을 풀었다.
산행 꾼이 많다.
끼리끼리 앉아
가져온 도시락을 먹으며
따스한 봄날을 만끽한다.

나는 외딴 나무에 등을 기대고 앉아
김밥을 안주삼아
소주를 홀짝이며
시어를 낚는다,

"하늘에는 흰 구름이 둥둥
흙속에 생동감 넘치는 소리소리
산새 우는 소리 섹시하다" 이걸 시라고

한 줄 어렵게 쓰고
이리 맞춰 분칠 해보고
저리 맞춰 덧칠도 해 봐도 어깃장이다
시심은 막히고 가슴은 먹먹하고
어찌 할 줄 모르겠고 낭패가 따로 없네.

그래도
이 나이에 시 쓰는 재미가 쏠쏠하니
이 아니 즐거운가.

나는 내가 좋다

내 나이
희수喜壽 칠칠七七

나는 내가 좋다
팔팔하게
몸도 마음도 자유롭다
생생히 정신이 맑아 기분 좋다

나는 내가 좋다
아침에 일어나
상쾌한 마음으로
생생히 흥겹게 걸을 수 있어 기분 좋다

나는 내가 좋다
나는 나를 사랑하고
신이 나서 발갛게 물든 내 마음은
생생히 기쁨이 충만하니 기분 좋다

나는 내가 좋다
늙은이 내외가
잠잘 곳 있고 끼니 걱정 없어
생생히 거침없는 자유를 즐기니 기분 좋다

나는 내가 좋다
내 형제 내 가족이

사랑으로 꽃을 피우고
생생히 집안이 화목하니 기분 좋다

나는 내가 좋다
나는 내가 참말로 좋다.

앨범

까까머리
검정 고무신

초등학교 때 사진을 보았네,
뭐가 그렇게 좋은지 깔깔거리네.

그리움이
달아오른다.

그때 모습
선히 보이네.

그리운
까까머리 초딩

지금
어디서 무엇을 하는지

희수喜壽의 나이에
생각만 해도

즐겁기 만 하다

지하철 스케치

서면 지하철 환승역은
오가는 사람들로 늘 붐빈다.

줄서고 차례로 전동차에 오르는 사람
줄 안서고 승객 내리는데 먼저 전동차에 오르는 사람

손잡이 잡고 서서 가는 사람
눈을 감고 명상을 즐기는 사람
스마트폰으로 인터넷 하는 사람
곱게 앉아 책 읽는 젊은이도 보이고
젊은 연인 간지러운 사랑놀이도 보이네.

술 취해 횡설수설 하는 사람
두 자리 차고앉은 넥타이 멘 자칭 신사
젊은이, 자리 양보해 무지막지 소리도 들리고
자기 집 안방 같이 큰 소리로 전화도 한다.

목발잡고 서 있는 젊은 여인 힘겨워 하는데
경로석 할아버지 자리 주고 서서간다.

두 손, 양 무릎으로 걷는 잡상인이 통로를 지나는데
할머니는 다음 칸 문 열어주고 힘내요

두 노인 경로석 한자리 두고 서로 양보하는데
어느새 서 있는 노인이 자리에 앉는다.
멀 건히 처다 보는 두 노인 웃는 맵시 향기롭다.

소시민이 살아가는 사회의 단면이다.
우리들의 씁쓰레한 자화상이다.

아름다운 소통

지하철 안에서
여학생 3명이 자리에 앉아
책도 읽고
도란도란 이야기도 한다.

경로석은 좌석이 없고
서서가는 승객이 많다.
개금역에서 할매 5명이 탔다.
젊은 할매들이다.

우르르 학생들 앞에 서서
학생들에게 눈을 맞춘다.
손녀딸 보듯 그윽한 눈빛이다
눈빛이 빛난다.

학생들의 예쁜 마음이
얼굴에 묻어난다.
학생들이 자리를 뜬다

하이구
마음시가 참 곱기도 해라

고맙데이 !!

구포장날

정오시간쯤
구포시장 서편 들머리 대형 정육점 앞
쌈지공원은 장꾼들로 크게 붐빈다.

정육점 사장은
맛보기 삼겹살 구이를 가게 앞에 내 놓고
잡사 보이소! 맛있어 예!
입맛 다시게 하고

노인은 이때
호주머니에 있는 소주병 꺼내 뚜껑 따고
한 모금 꼴딱 카! 하고
맛보기 삼겹살 구이 있는 데로 간다.

초록색 이쑤시개로
구이 한 점 찍어먹고 손등으로 입 쓰윽 닦고
또 한 점 가지고 내 옆 빈자리에 앉는다.
생면부지 사람에게 병을 내밀고 구이도 내 민다.

어느새 두 노인 니랑 나랑 하면서
맛보기 삼겹살 구이 있는데 들락거리고
이미 바닥난 소주병을 주고받고
카! 커! 좋다, 좋아 기분 내고

해거름에 노인 둘이

분홍빛 마음 되어 어깨동무하고
다음 장날 만나자고 손가락 걸고

노을빛 황혼이 깃들고
두 노인 허청허청 저만치 가는데

낙동강 철새가
꺼이꺼이 울며 날으는 소리 서러웁다.

막걸리

막걸리

오랜 세월
우리와 애증을 함께 한 것

백자 빛 속살은
순백한 우리의 멋

순한 향기는
순박한 우리의 맛

때론 외롭고 슬플 때
때론 기쁘고 즐거울 때

막사발로
양푼이로

마음 적시는
순한 향기

막걸리
애증의 막걸리

우리의 멋
우리의 맛

2부

그리운 사람아

미니농장

집 옥상에
화분, 고무그릇, 플라스틱 상자, 30여 개
흙을 채우고 고추, 가지, 상추를 심고
'미니 농장'이라 이름을 붙였다.

아침저녁 채소와 눈을 맞추고
소곤소곤 말을 걸어 동화되고

작고 여린 것들은
금세 흙냄새로 포동포동하다.

살금살금 커는 소리 향기롭고
꽃도 피고 벌 나비도 들락거리며
풋풋한 내음 군침이 돈다.

즐거운 밥상 행복이 솟구친다.
풋 고추는 생된장에 찍어먹고
가지는 찌고, 상추는 쌈을 싸고 …

앞집 할머니께 싱싱 채소를 드리니
고맙다며 함박웃음을 주신다.

미니 농장에서
자연을 누리고

환한 세상
아름다운 세상을 맛본다.

새해 새날 해님 마지

새해 새날 이른 새벽
광안대교에서 많은 사람들이

해님을 마지 한다고
해님은 한참 있어야 오시는데
숙연히 동녘하늘만 바라본다.

바람소리 파도소리
주 탑 현수 줄 파르르 떨림소리
현악기 3중주다.

바다에서
해님이 주황색 옷 입으시고
발갛게 살포시 솟는다.

와~와~
벅찬 환희와 감동의 합창은
잠깐 뿐

이내
설레는 마음 두 손 모아
저마다 소망 가지고

예수님 마음으로
부처님 마음으로

기도하고
합장하고

새해 새날
해님 마지의식은 찬연하였습니다.

노을

서녘하늘
노을 비껴

새들은 어디론가
울며 날아가고

애절한 울음소리
가슴을 누른다.

시시각각
사이사이

천태만상 변화하는
황홀한 놀빛

속절없이
내 마음 같아

부질없는
사념思念을 지우니

마음 가볍네.

외로워지면

문득
외로워지면

울컥
맘 둘 곳 없어 허허하면

이유 없는
슬픔이 잔인하게 밀려옵니다.

방안을 서성이고
창문을 열어젖혀도

외로운 마음은
떠나지 않습니다.

멍하니
아이들 방에 가봅니다.

낙서로 얼룩진 책상
삐걱거리는 나무의자

해맑은 아이들
웃음소리

외로움이
어느 사이 쏙 빠져나갑니다.

빈방

아이들 셋이서
30여 년 전에

놀고 공부하고
잠자든 방은

지금은 빈방인
아이들 방은

구석구석
새큼한 향기는

부드럽게
코끝을 살랑이고

웃음소리
싸우는 소리

쿵쾅쿵쾅
뛰뛰는 소리

개구쟁이 얼굴들이
내 마음속에 있어

나는 행복하네.

길

애벌레가
고물고물

흙에서
길을 찾고 있어요.

오랜 세월
바른길 찾는 다고

아픈 마음
다독이고

바닥에서
밑바닥으로

나직이
더 나직이

몸을 낮추니
그곳에

길이 있었어요.
바른 길이 있었어요.

작은 배려가

지하철 2호선 사상역
가녀린 60대 여인이
빛바랜 희색 가방 메고
자기키만 한 마대 들고
전동차에 오른다.

여인은
전동차 바닥을, 빈 의자 위를
선반위도 천천히 둘러 본다.

승객들이 두고 간 파지를 줍는다.
선반 위 파지는
깨금발 해도 손이 닿지 않는다.

승객이
선반 위 파지를 주워 건 낸다.
여인은 감사 합니다 한다.

작은 배려가
여인의 감사 합니다, 라는
따뜻한 마음이 가슴에 와 닿는다.

감사 합니다, 라는 마음을
이웃과 낯선 사람에게도
넓게 깊게 스미게 한다면

살맛나는
훈훈한 세상이 될 거야
아름다운 세상이 될 거야

작은 배려가

나와의 은밀한 속삭임

그 길은
가지 마,
바른길이 아니야

나도
알고 있어
바른길 아닌 것을

그럼
마음 아프게
왜 간다고 그래

어찌
눈 감고
딱 한번만 봐줘

어어,
그 마음은
바른길 가기

이미 늦었어.
이미 늦었어.

바른길
가지 못해

오욕汚辱에
오열嗚咽하네.

BIFF광장

우리는 남포동
BIFF 광장에서 처음 만났지

설레는 마음으로
마치 연인처럼 손잡고

BIFF거리를 거닐며
떡 복기 먹고, 오뎅 국물도마시고

씨앗호떡 먹는다고
줄서서 기다리고

국제시장 부평깡통시장으로
구석구석 다니며 구경하였지

보수동 헌책방골목길에서
우리는 기약 없이 헤어지고

짧은 만남은
그래도 달콤하고 황홀하였지

언제인가 만날 날이 있겠지
그날을 기다리며

나는
오늘도 사랑의 메시지를 전하려

BIFF광장을 서성인다.

*BIFF=Busan International film festival부산국제영화제

내 기분

내
입안을 술이 다독이네.

혓바닥은
부드러이 감미롭고

마음은
센스 있는 향기가 녹아드네.

몸이
활활 발갛게 탄다.

기운이
팔팔 넘친다.

삶이
팍팍하게 힘들어도

내 기분은
오늘만 같아라.

횡설수설橫說竪說

초 여름날 정오
자갈치시장 수산물 센터에서
일흔을 갓 넘긴 비슷한 벗 4명이 수다를 떠네.
주인님! 민어 요거 얼마요?
딱 십만 원 만 주이소.
앗다, 너무 비싸요.
주인은 귀한고기라 좀 비싸요 하네.
그래도 그렇지 좀 깎아주소.
노인이라고 팔딱팔딱 뛰는 우럭 1마리를 덤으로 준다.

2층 식당가로 올라가니
삼삼한 중년의 여인이 바다가 보이는 창가로 안내한다.
이야! 구경 한번 좋구나!
남항이 한눈에 펼쳐지고 남항대교, 송도가 눈앞이다.
다대포도 아물아물 보인다.
배가 점점이 오가고
바닷바람 파도소리 갈매기소리 뱃고동소리 친숙히 들리고

와! 술맛 난다.
경치 좋고 민어회가 고소하고
주인아주머니 수다에 노인들이 살살 녹는다.
걸신乞神들린 듯 옴팡지게 먹고 마시고
빈 소주병이 여기저기 나뒹군다.
벌써 술이 취했나. 벌건 대낮에 사방이 트였는데
샌님 같은 벗이 낯짝 사납게 부처님 같이 살라하고

부산갈매기 노래가 사이렌소리로 들린다.

아주머니 소주 1병만 더 주이소
술을 달라하니 음료수를 주면서 마시고 일어나라한다.
술이 과하니 걱정스런 눈빛이다.
얼얼하다. 정신이 없다.
노인들이 조심성 없이 부끄러운 줄 모르고

제기랄! 주책없이
서글픈 마음이 울컥 가슴을 친다.

걷기 예찬禮讚

걷는 것은
무한의 독서讀書다

그 길은
깊고 고요하고

처음처럼
언제나 새뜻하다

내면의
사색思索으로

자연自然과
교감交感한다.

침묵의 소리
감미롭게

잔잔히
부드럽게 흐르고

때론
싱그럽게 벼락 치듯

내 마음 깊이
환희歡喜에 젖는다.

걷는 것은
자아自我를 찾는 길

삶의 길이다

서정 소곡抒情小曲

나
님 좋아
다가 설수 없어
잔인한 슬픔이 일렁입니다.

나
님 닮고파
어찌 할 줄 몰라
잔인한 고통이 일렁입니다.

나
님 보고파
눈을 감으면
잔인한 허허로움이 일렁입니다.

나
님 못 잊어
그리워함은
잔인한 님이 좋아서 그런답니다.

몰라, 몰라

뭐라 꼬 ?
나를 사랑한다고

"피이~
그건 거짓말,

뭐라 꼬 ?
떠난다. 꼬 ?

나를, 나를
너무 너무 사랑하기 때문에

"피이~
그건 새빨간 거짓말,

난
몰라, 그런 사랑

난
몰라, 몰라 라고 말 하지만

내
마음은 사랑 때문에

님

못 잊어

그리워
그리워서

헬 수 없는
은하수 그리움으로

밤눈 지샌다.

짝사랑

내
그대 그리워

잊지 못해
아무것도 할 수 없네.

내
그대 보고파

눈을 감으면
빈 가슴은 허공을 맴도네.

내
그대 아름다운 고운마음

잊히지 않아
잊을 수 없어

켜켜이
쌓인 헛헛한 그리움이

아리게
밀려오네.

사랑아 나는 통곡한다!

사랑이 없어도
사랑을 느낄 수 있네.

아픈 가슴
멈출 수 없어

슬픈 가슴
외로운 마음으로

얼굴은
떨림으로 달아오르고

숨은
쉴 수 없이 허덕이고

한때는
열정적인 사랑으로

달금한
사랑도 주고받았지.

어찌
잊을 수 없어

그리워서
나는 통곡하네.

사랑아
나는 통곡한다.

기다림

님이
보고 싶어서 예

거기가
그리도

먼
먼 곳이세요?

님을
기다리며

가슴 가득
보고 싶었다고

정녕
그 말을 하고 싶어서 예

님이
오시는 길이

멀고멀어
쓸쓸한 마음으로

님을
그리며 기다립니다.

그리운 사람아

멀리 있어
더
그리운 사람아

좋아
더욱
좋아서

나는
나는
어쩔 줄 몰라

꿈 깨니
더
더욱

그리운 사람아 !

전화

따르릉 전화기벨소리에
수화기를 드니
아가씨의 고운목소리가 들린다.

아저씨
나이가 몇이세요.
느닷없는 물음에
70살이라고 하니

찰까닥
말 끝나기 전에
수화기 놓는 소리가 먼저 들린다.

아이쿠!
지천명知天命
50살이라 할 걸

아가씨.
묻는 말이 무엇일까?
내용이 궁금하네.

망상

그대가 만일
시기심이 꽉 찬 몰골沒骨로
지난날의 망상에 빠져 우울하다면

그대여 밖으로 나가 하늘을 보세요.
그대여 걷고 또 걸어 보세요.
그대가 할 수 있는 일이 무엇일까? 생각해 보세요.

그대의 마음을 주위사람에게 나누어 주고
그대의 가슴에 작은 빈자리를 만들고
그대의 작은 빈자리에 무엇을 채울 수 있는 일을 해 보세요.

혹시라도 길에서
손수레로 무거운 짐을 끄는 사람이 있다면
양손에 무거운 짐을 들고 계단을 오르는 사람이 있다면

손수레를 뒤에서 밀어보세요.
짐을 나누어 들어보세요.
그대의 얼굴도 마음도 밝아져요.

손수레 끄는 사람도 짐을 든 사람도
그대만큼 얼굴도 마음도 밝아져요.

그것은 그대의 따스한 마음을 나누었기 때문입니다.
그대의 마음이 그분들의 가슴을 작은 사랑으로 채웠기
때문입니다.

망상은 나빠요.
그까짓 거 잊어버리세요.

그대 삶의 유일한 길은 사랑입니다.

고독孤獨

뜬금없는
쓸쓸한 그리움이

텅 빈
가슴에 밀려오면

초라한
내 초상화는

고독히
그리워서 맴도는

내 속의
또 다른 나를 본다.

쓸쓸한 그리움은
고독이 아니라고

쓸쓸한 그리움은
절절한 사랑이라고

고독은
지나친 과오를 참회하고 성찰하고
삶의 질을 업그레이드하는 기회라고
다독다독 사랑을 다듬는 축복의 시간이라고

내면의 심장에서
내속의 또 다른 나에게 속살거린다.

고독은
지울 수 없는 것

고독은
그리고 사랑은 불이不二라고

참회懺悔

콕콕 찌르는 고통
그것은 한때.
찰나의 짜릿한 쾌감 이었지

그것은
참회의 전주곡
처참하게 육신을 갈아먹는다.

부끄러움을 반성하고
용서를 받고
사랑을 받고

그런데도
생생히
멋대로 나를 고문한다.

끙끙 신음하며
그 까짓것
잊어버려, 잊어버려

잊고 싶다고
잊히지 않아
잠든 꿈에서도 보인다.

고통의 원인은 참회다
잊는다는 것은
죽음에 입맞춤 하는 것

참회와 영혼은 공존한다.

그리움

당신이 보고 싶습니다.
간절하게 당신이 보고 싶습니다.

가까이 있는데도
당신에게 다가갈 수가 없습니다.

나 엉엉 울지도 모릅니다.
마음이 아파 견디지도 못합니다.

풀잎에 맺힌 아침 이슬처럼
내 가슴 뚝 떨어지고 말거에요

당신은 나에게
행복이 무엇인지를 가르쳐주셨어요,

나의 소중한 꿈을
빼앗지 마세요.

나 가까이에서 떠나지 마세요.
나 당신 곁에서 머무르기만 할게요.

나 가까이에서 떠나지 마세요.
나 당신을 힘들게 하지 않을게요.

나 가까이에서 떠나지 마세요.
나 당신을 그리고만 있을게요.

네가 좋아

네가 좋아

너에게로
다가서지 못하고

바보같이
어찌할 줄 몰라

멍하니
바라만 보고 있었지

생각하면
가슴 뿌듯이

그저
좋기만 하고

잊지 않고
오래오래

너에게로
내 마음을 보낸다.

멀리서

님의 향기

겨우내
님 그리는
꿈꾸고 있었습니다.

파란 바람으로
그리움 안고 오시는
님을 꿈꾸고 있었습니다.

연두 빛 향기로
녹색향기로
빨강색 향기로

정녕 님 오신다니
마음은 두렵기만 합니다.

님 맞이하고
많은 날들을 기다려야 합니다.

님 그리워하며
기다리겠습니다.

겨우내
꿈 안고.

파란 바람 불 때면
그리움 안고 오시는 님을 꿈꾸고 있겠습니다.

3부

봄길 따라

선풍기

50여 년 전
무덥고 긴 어느 여름날
내가 사온 우리 집 선풍기

부드러운 바람소리는
송송 땀방울 맺힌 아이 얼굴
시원히 닦아주고

더위 먹은
내 마음까지 식혀 주었지

여름철이면
언제나 우리 곁에서

시원한 바람
아낌없이 안겨주던 선풍기

고맙다는 생각 없이
살아온 내가 부끄럽다.

아직은
말짱한 모습인데

그르렁그르렁
허기진 소리는

지난날들 연민의 정이
오롯이 묻어나고

잊히지 않는 그리움은
가슴 쓰리게 하네.

할배의 손주 사랑

여름 어느 날 오후
집 거실

유치원생, 강
피아노 치고 노래하고

어린이집 원생, 현
냄비뚜껑 뚜드리고 빙빙

할아버지, 나
짝짝 손뼉치고 조~타

사위는 뒷짐 지고 빙그레 웃고
딸애는 팔짱끼고 눈웃음 짓고
할머니도 “얼쑤 좋다”추임새 넣고…

노래하던 강이 어느새 달려와
뽀뽀하며 속닥인다.
“할아버지, 아이스크림 먹으러 마트 가요”

“응 그래”하고는 넌지시 현이 눈치를 보니
현도 좋아 눈빛이 빤짝인다.
“현아, 할아버지 뽀뽀 한번 해주면 같이 가지”

언제나 제가 먼저

와락 달려들어
얼굴에 침 범벅 하는 녀석이

번개같이 뽀뽀 하고는
주먹 진 손등으로 제 입술 훽 닦으며
누나한테 다가가 입을 쏙 내민다.

하하 재미있다.
호호 재미있다.

강, 현 그리고 나
신이 나서 마트로 가

깔깔되며
맛있게 아이스크림을 먹는다.

감사한 마음으로

감사한 마음으로 .
또 한 해를 보내고
새해를 맞이한다고
집 안팎을 대 청소하고
햇볕에 이불도 바람 쏘이고

그 녀석들
보고 싶다는 마음 간절한데
강이 연말에 온다 하고
현, 연이도 그때 온다고 한다.

훌쩍 큰 녀석들
어떻게 맞이할까?!!

기분 좋은 할아버지가 폼 잡고
뽀뽀. 입을 쏙 내미는데`

절레절레 고개 흔들면 어떡하지?!!
하! 하! 아이스크림으로 꼬셔봐야지.

촛불을 켜고
케이크도 잘라야지

반갑게 감동으로
이 기쁨을!

이 즐거움을!

한해를 보내고
새해를 맞이하는
축복받는 자리에서

얼굴을 맞대고 싶다.
얼굴을 비비고 싶다.

감사한 마음으로

현이 오는 날

늦은 봄날
15개월 된 현이, 엄마 손 잡고
할아버지 3층집 계단을 올라옵니다.
한 계단도 힘든데
두 계단을 오른다고 헛발질도 합니다.
스민 듯 땀 배인 이마는 황홀합니다.

현이 와 할아버지는 눈을 맞추고
와~ 와 손뼉치고 손뼉을 치고
덥석 끌어안고 덥석 안기고…

할아버지는
일주간의 그리움을
반가움으로
행복 가득한 마음으로

현에게 말을 겁니다.
현아 사랑한다.
현은 손가락만 빱니다.

할아버지는 또 현에게 말을 겁니다.
현아 사랑한다.
그래도 현은 손가락만 빱니다.

할아버지는 찬찬히 현을 봅니다.
눈도 코도 입도 다 예쁩니다.
손가락 빠는 현의 천진함은 더욱 예쁩니다.

현이 신발정리

이제 겨우 다섯 살배기 현이 가
어린이집에 다니는 현이 가

아빠 엄마 따라
추석 쉬러 할아버지 집에 왔어요.

대구 양평 구미, 할아버지 할머니 삼촌
온 집안 가족이 다 왔어요.

현관에 많은 신발이 널려있어
현이 가 신발을 정리해요.

할아버지 할머니신발은 앞줄
삼촌 신발은 뒷줄
현이 가족 신발은 맨 뒷줄

신발이 가지런히 보기 좋아요.
현관이 반짝반짝 빛나요.

할아버지가
현아! 신발정리 잘했구나. 해요.

현이 는 하기 싫었는데
엄마가 시켜서 했어요. 하네.

할아버지는
엄마 말 잘 들어 참 기특하구나.

현이 마음
맑게 고와 파란 하늘같아요.

행복이란

강아! 현아! 연아!
니거 우째 왔노?
할배 보고 싶어 왔제!

할배도
니거 디기 보고 싶었다.

아픈데 는 없는지
밥은 잘 먹는지
추운 날은 감기 들리지 않았는지

비오고 눈 오는 날은
유치원에 어떻게 갔는지

밥상에 고기 있으면 녀석들 보고 싶고
과일도 있으면 생각난다.

하루같이 걱정되고
조마조마 하는데.

녀석들이 봄 방학이라고
우르르 와서 펄쩍뛰어 안기고
팔다리 주무르고 등도 뚜드린다.

연이는 할아버지 할머니 부르고

빙글빙글 어지럽게 돌고

좀 컸다고
어림없이 안기지 않는 녀석들
못이기 듯 슬며시 안아본다.

이렇게 좋을 수가 있나!!
너희들이 있어 참말로 행복하다!!

강아! 현아! 연아!

설날

17개월 생, 연이가
설날에

고까옷 입고
고와라

아장아장 걸어와서
하부지 하무니 부르고

안기는 연이가
참 고와라

연이, 젖빛 향기가
말갛구나.

참, 티 없이
곱고 말갛구나.

연이가
귀여워라

연이가
사랑스러워라

연이야 !
아름다운 세상에서

곱고 밝게
활짝 웃어라

연이

27개월 생
연이

토요일은
아빠 엄마 손잡고

할아버지, 할머니
집에 오는 날

신이 나서
쪼르르 달려와

할아버지, 할머니
안아주네.

마알간 얼굴
커다란 눈빛

지극히
고와라

뽀뽀하기 두려워
고개 돌리니

복숭아 빛
속살 향기에

스르르 눈이 감기네.

아기 엄마 사랑놀이

아기는 응아응아
엄마는 오냐오냐

발그레한 젓꼭지
아기 입에 맞추고

아기는 옹알옹알
엄마는 그래그래

그윽한 눈빛
아기 눈에 맞추고

응아응아 오냐오냐
옹알옹알 그래그래

천상의 아기 소리
천상의 엄마 사랑

아름다워! 아름다워!
아기 엄마 사랑놀이

현이와 할아버지

막 11개월 된 현이 한 테서 전화가 왔습니다.
할아버지 할머니를
"하부지 하무니"라고 겨우 말하는 녀석입니다.

자기 집 전화기 다이얼 1번을
운 좋게 푸싱 합니다.

할아버지는
따르릉 벨소리에
수화기를 들고 "예"합니다.
그러나 응답이 없습니다.

할아버지는
"니 현이 아니가? 현이 맞지!
"현아! 할아버지다. 현아! 할아버지다."

현이
"하부지 쫑알쫑알 까르르" 웃고
"하무니 쫑알쫑알 까르르" 웃고

할아버지
"아이구 그랬어요?"
"잘 했어요. 참 잘 했어요."

현이와 할아버지는

알 수 없는 말들을 한참 주고받습니다.
그것은 사랑하는 우리만이 통하는 마음입니다.

할아버지 "현이 사랑해요."
현이 "하부지 쫑알쫑알 까르르" 웃고
"하무니 쫑알쫑알 까르르"웃고

둘이서 한참을 신 나게 말을 합니다.

할머니! 할아버지 보세요.

25개월 생 가연
집 거실에서 요구르트를 맛있게 먹고 있어요.

얼굴에도 코에도 입가에도
요구르트 칠하고

할아버지는
가연님! 요구르트 좀 주세요.
두 손 모아 펴고 녀석의 흉내를 냅니다.

가연은. 큰 눈 껌벅이며
빈 숟갈 내밉니다.

할아버지는
요구르트 통 가리키며 그것 좀 주세요. 하니
한 숟갈 떠서 반이나 먹고
반 숟갈만 줍니다.

할아버지는
고맙습니다. 하고 얼른 받아먹고
더 달라고 손 내미니 안 돼요 합니다.

좀 더 주세요,
하니
할머니한테 달려가

할머니
할아버지 보세요.

할머니 뒤에 숨어서 입 쏙 내밀고
매롱 합니다.

아기 찬미

아기의
으앙~ 으앙~
빛나는 울음은
천사들의 노래입니다.

아기의
마알간 눈
선이 고운 코
입은 오물오물, 귀는 동그스름하고
손가락 발가락은 꼼지락 꼼지락

아기는
오! 아기는
참하고 귀엽습니다.
참 참하고 참 귀엽습니다.

아기는
기저귀에 샛 노랑꽃도 그리고
온몸으로 으앙으앙 말을 합니다.

지순한 엄마의 향기는
아기 입가에 젓 빛으로 물들이면

아기는
새근새근
꿈을 꿉니다.

아기는
오! 아기는
꽃, 꽃, 참한 꽃

세상에서 가장 예쁜 꽃입니다.

고향의 맛, 엄마의 맛

고향이
나를 부르네.

그리워
평생 잊을 수 없는 곳

엄마의
하늘같은 사랑이 녹아있는 곳

영혼을
말갛게 살 찌개 하는 곳

땅속의
생명이 꿈틀되는 곳

어찌
잊고 살아가나

고향의 맛
엄마의 맛

살아갈 맛이다

고향 가는 길

7형제가 고향에서
4촌 형제들과 만난다고

임자는
고희古稀의 나이인 나에게

몇 올 남지 않는
하얀 머리에 까만 물로 다듬고

자글자글 고랑 진 얼굴을
임자 화장품으로 곱게 메꾸니

콩닥콩닥 춤추는 가슴
덩달아 마음 붉게 물든다.

보고팠든 형제들을 만나니
늙은이 속마음 감출 수 없다

가슴으로 느껴보는 형제들의 눈빛
따뜻한 정감에 마음 젖는다.

고향은 엄마의 품속
고향은 영영 엄마가 계신 곳

고향의 그리움은

영영 지워지지 않는 것

변함없는 어릴 때 마음으로
철부지 악동 되어 엄마를 찾는다.

엄마. 아~ 아~ 엄마 보고 싶다
고향 가는 길은 언제나 좋다.

고향은
엄마! 엄마의 샘 이다

내 고향은

내 고향은
그때만 해도

박, 김, 장 씨 성 가진 20여 초가집
집집이 아침저녁 굴뚝에 연기 나고

동네 앞 개천에는
버들치, 피라미 가재도 있었지

봄이면 동네 앞 넓은 벌판에
천지가 능금 꽃비 내리고

쟁기로 논 밭 갈고
송아지, 까치가 뒤 따라다녔지

아이들 왁자한 골목 놀이는
긴긴 여름날 해지는 줄 모르고

봉선화, 맨드라미 꽃피고
박꽃이 새 하얗게 돌담 타고

자연을 닮은 순박한 사람들이
정 많고 평화롭게 살던 내 고향

아~그때
내 고향이 그리워라.

시퍼렇게 향수만 짙어진다.

옛 생각

머 언 지난날
산골 동내 아이들은

달밤이면
웃 깍단 아래 깍단

패를 나누어
달리기 시합을 하였지

맨발로 돌담길 따라
울퉁불퉁 골목길을 달리며

까르르 웃고
떠들며 산골아이는 커 갔지

시래기죽을
멀겋게 쑤어 빙 둘러 앉아 먹고

배는 부르고
팔팔 기운은 찼지

모기 불을 피워놓고
멍석위에 벌렁 누워

하늘에 총총 박힌

수많은 별을 헤고

지붕위에 박꽃이
달빛에 새하얗게 빛나고

개 짖는 소리
멀리서 들려오면

산골아이는 엄마 무릎 베고
소르르 잠들며 내일을 꿈꾸지

고운 어린이집 아이들

우리 동네
고운 어린이집 뜰에는
큰 은행나무 두 그루 있지요.

하늘빛 햇살이
노란 잎들에 스미면
노래 소리 들립니다.

우루 루 나온 어린이들
입술은 샛별같이 빤짝이고
저마다 노란 은행잎 들고

작은 코로 향기 맡는다고
킁킁, 만져 보고 뒤집어보고

선생님은 은행 열매 주어 들고
요게 뭐 게요?

은행 알 요.
은행 열매요.

냄새 맡아 봐~요
무슨 냄새 나지요?

노랑 냄새나요. 까르르

똥냄새 나요. 까르르

노랑 냄새는 은행나무
똥냄새는 똥~ 나 ~ 무~ 다~

아이들 까르르
노래 소리

동그랗게
하늘을 올라요.

누나에게

산을 넘고
물을 건너

부잣집 외동아들에게 시집간
누나를 생각합니다.

시골
작은 농사군 아들

4촌 동생이
읍내 중학생 되었다고

새색시 누나는
서슬이 퍼런 시어머니 무서운 줄 모르고

속곳 속에
꼬깃꼬깃 감추어둔 비상금

후미진 골목길에서
두 손을 감싸 쥐어 주고

고생이 많더라도
공부 열심히 해야 한다.라는 말

반백년이 지난 오늘날까지

하루도 잊은 적이 없는데

나의 게으름이
누나 자주 찾지 못한 정

회한의 세월이
슬퍼집니다.

향수鄕愁

파란 하늘
솜털 같은 구름
강물 되어 하얗게 흐르고

밤하늘 가득
아기별들이 반짝반짝
파랗게 웃는다.

소슬바람에
옷깃을 여미는데

풀벌레 우는 소리
서러워 서러워서
끊어질듯 이어지고

여린 풀꽃 향기도
빛바랜 억새꽃잎도
청초히 곱기도 해라.

수채화
가을 정취는
깊어 가는데

나는
쓸쓸히
찻잔을 비운다.

향수鄕愁를 마신다.

봄길 따라

동내 뒷산
오솔길을 걷노라면

풀빛 향기
뭉클 달아오른다.

싱그런
바람 냄새 스치고

나뭇잎이
살랑살랑 말을 건다.

풀잎에 이슬방울
햇살에 그렁그렁

도근도근
미묘한 내 마음

오매
알 수 없는 이 느낌

즐거움이
스르르 깃들고

외로움이

사르르 사라지고

마음이 말갛게
사뿐사뿐

그침 없이
뛰어 올라

파아란
하늘에 닿고 싶다

봄바람 나건네

봄바람이
나직이, 나직이

부드러이
땅속을 살그미 녹아들면

빛 고운
사랑의 노랫소리 들려요.

꿈틀꿈틀
웅성웅성

새싹이
말갛게 파랗게 쏘~옥

시냇물은
신나게 졸졸 조르륵

꽃들은 방글방글
벌 나비 들랑날랑

뒤숭숭 내 마음
봄바람 나건네

봄 소리

산에
나무는
툭 탁 툭툭 탁탁

강에
얼음은
찍~ 지 빠지직 쨍

들에
풀씨는
톡 톡 톡톡, 톡톡

폴폴
새 나오는
오묘한 봄 소리

거룩한
잉태의 숨소리

봄비

봄비가
참하게 내리네.

향긋한 내음이
공기 속에 서리고

솔솔 향기소리
흙속에서 들리네.

연노랑 새싹들이
톡톡 쏘옥, 쏘옥

졸졸 시냇물소리
청아한 우리가락

새들의 사랑소리
자지러지게 곱고

나무에는 송알송알
방울꽃이 피었네.

봄님 오시네.

풋풋한 입김이
향긋이 상큼하다.

갈 빛 나무들은
연두 빛 빛어내고

새들의 날개 짓
화려하게 펼치고

자지러지는 울음소리
끔찍이도 곱단하다.

새싹은 파릇파릇
머리 내 밀고 쏙 쏙

은실 같은 개울물이
조르륵 조르륵 흐르고

버들 아씨
속내 터질듯 부풀은 데

봄님이
파아란 그리움 안고…….

살 그래 오시네.

봄날은 간다.

부드러운 햇살
싱그러운 바람결 내음

두 늙은이 손잡고 깔깔 웃고
악동 되어 소풍 가네.

은아 가시네. 감흥에 젖어 흥얼댄다.
"와! 와! 천지가 꽃이에요."
"예쁜 꽃밭이에요."

"현이님! 꽃 꺾어줘요
"나 예쁜 꽃 다 갖고 싶어요."

현이 선머슴아도 덩달아 흥얼댄다.
꽃의 아름다움에 가슴 설레고.
꽃향기가 가슴을 쿡쿡 찌르고…

"은아님! 현기증이 나요."
"쓰러질 것만 같아요."
"나 손잡아 줘요. 꼭 잡아 줘요."

꽃에 취해
늙은이 둘이서 해롱거린다.
"호호 하하 호호 하하"

하늘거리는 나뭇잎
나비되어 춤추는데
우리들 봄날은 간다.

4부
풀꽃 사랑

봄날에

봄바람 소리에
기분 좋아 흥얼흥얼하니

입속은 이미
달콤한 향기 가득 고였네.

보드레한
봄기운이
하늘과 땅을 감싸니

새싹은
톡톡 쑤욱~솟아나고

꽃망울
탁탁 피어나고

설레는
내 마음도 화려하네.

봄 소리
톡톡 쑤욱. 탁탁

아늑히
그윽이 들리네.

봄 바다

시린 바다 빛은
파란 햇살 머금고
별빛처럼 빤짝인다.

하얀 파도 포말이
사르르 밀려오고
스르르 밀려가고

해맑은 아이들은
쫓기고 쫓아가고
뛰박질하며 까르르 웃고

갈매기도
너울너울 날개 짓 하며
흥에 겨워 노래 부른다.

파도
아이들
갈매기는

바다 교향시

꽃바람

꽃바람
살랑살랑
사랑을 쏩니다.

겨우내 꿈적 않고
가만가만하든 것이
하늘에서 땅에서
연노랑 향기가
옹성옹성 핍니다.

꽃바람
살랑살랑
희망을 쏩니다.

겨우내 꿈적 않던
연이도
냉이 캐러간다고
엄마손 잡고
폴짝폴짝 뛥니다,

꽃바람
살랑살랑
행복을 쏩니다.

꽃들의 냄새

눈으로 보고
코로 맛보고
입으로 먹어보고
귀로 들립니다.

꽃바람은
사랑 희망 행복 입니다.

꽃

꽃이 고와
스르르 다가가니

꽃이 웃으며
화르르 반기네.

온 몸으로 꽃을 보고
꽃향기에 취하니

꽃이 질까 두려워
두 눈 감고 본다.

매화꽃

긴긴밤
동지섣달

칼바람을
온 몸으로 감싸 안고

살바람에
사르르 눈을 뜨니

찬 서리
꽃을 피우네.

그 꽃
청아한 맵시 곱디곱다

나는
나는

꽃에 반하고
산산한 향기에 홀리고

오도 가도 못하네.

하얀 목련꽃

아직은
날씨가 추우신데

아직은
봄님은 저만치 오시는데

말간 가지에
샘솟는 꽃순

순백의 자색自色은
열반에 든 듯

우아한 꽃은
옷깃을 여미게 하고

서늘한 향기는
걸음 멈추게 하네.

하얀 목련꽃
그리는 마음

내
잊지 못해

서럽다.

봄에 온 편지

승학산

산산한 바람소리는
나목을 비껴가고

햇살향기 소리는
매화나무 감싸네,

볼그레한 꽃봉오리는
울먹울먹 아가 입술

터질듯. 터질듯이
꽃 봄을 알려오네.

꽃을 보면

봄 물든
바람소리

나무를 희롱戱弄 하니
나뭇가지에 물이 흐르네.

연둣빛
새싹이 깨어나고

달금한
봉오리 피어나고

세상이 아름답네,
모든 것이 변하네.

꽃을 보면
마음이 즐겁고

꽃이 지면
마음이 시리지만

그윽한
그리움은

꽃필 날을 기다린다.

벚꽃 길

낙동강 제방
벚꽃 길

풀잎향기
아늑히 흐르고

화사하게
꽃이 웃으며

온 누리에
사랑을 수놓네.

폭신한 바람에
꽃잎은 폴폴

하늘을
하얗게 날고

어른들은 흥에 겨워
흥얼흥얼 좋구나!

아이들은
까르르 깡충깡충

통통 신이 나서
파란하늘을 난다.

목련꽃

목련꽃이
새아씨로

우아하게
나들이 하셨네.

신선한 향기
그윽이 흐르고

봄비가 보드랍게
입맞춤하니

꽃샘바람이
꽃잎을 두드린다.

시퍼렇게,
시퍼렇게

꽃잎이
잿빛 눈물 떨군다.

이렇게
봄은 아프게 오는가?

시퍼렇게
멍든 내 마음

가히
서러워라.

땅 찔레꽃

숲속에서
은은한 꽃 내음소리에
발걸음 멈칫했지

저만치
수풀 속에서
하얀 땅 찔레꽃이 보이네.

살그미 다가가니
수줍은 듯
하얀 미소로 반긴다.

늦봄의
환한 꽃잎은
성큼 여름이 올 것 같네

낮게
낮은 자세로
올곧은 길을 가는 땅 찔레꽃

짐짓
닮지 못한
내가 부끄럽다.

봄나들이

5월에
뽀송뽀송 봄빛이 마음 간질이는데
푸른 봄에 푸른 청춘으로
부산에서 대구에서 울산에서 양평에서
경북 청도 고향에 모여 원점으로 회귀하는
3대 가족이 함께하는 사랑이 넘치는 봄나들이다.

청도에서 과수원을 하는 50대 후반의 여동생이
멋있게 파마한 헤어스타일 보고
내가 하는 말 "너는 머리가 뽀골뽀골 한 것이 와 그러노?"

"오빠, 뭐라 캅니까?
복숭나무 겹꽃 딴다고 우박 맞아 그러심더."
웃는 소동이 한참 벌어진다.

45인승 버스로 1박2일 남도를 둘러보는 나들이 첫 대면은
그렇게 시작 되고, 그동안 지나온 일들을 이야기 한다고
웃고 떠들고 하는 모습, 어릴 때 천진한 모습 그대로다.

느긋하게 천천히
순천 송광사. 부안 변산반도 채석강 새만금 방조제를 둘러보고
곰소 항에서 집집이 천일염 한 포대와 젓갈을 사주니
함박 입이다.
똑같이 버스기사에게도 팁으로 드리니 더욱 좋아하신다.

부안에서 하룻밤을 지내고
이튿날 오전 전주 한옥마을 둘러보고
전주비빔밥으로 점심 먹고 진안 마이산을 둘러
귀향길에 올랐다. 사색의 시간이다.

경남 함양을 지나니 장기자랑 시간이라고 알린다.
흘러간 옛 노래는 가사도 틀리고 곡조도 틀려도
그저 큰소리 박수장단에 신명들이 나
덩실덩실 어깨춤이다.
보다 못해
막내 할매가 예쁘게 한 곡조를 뽑는다.
그런데
다섯 살 손자 녀석이 달려들면서 막내 할매를 이모
이모라 부른다.

막내 할매는
발그레한 얼굴로 손자를 끌어안고 뽀뽀하고
응, 이모가 좋지, 좋지 하고 너스레를 떤다.

웃고 떠들다
어느새 청도 고향
저녁을 먹고 해어질 시간
아쉽기만 하다.

언제준비 하였는지 풋고추 마늘 참깨, 고향 농산물을
손에. 손에 쥐어준다.

고향은 늘 마음속에 어머니가 계시는 곳!

가족의 하모니가 가장 아름다운 행복인 것을
가족의 사랑을 새삼 일깨워주는 즐거운 여행이었다.

모든 일에 감사하면서

변산반도 채석강

5월의 찬가

하늘도 땅도 파랗고
세상이 다 파라네.

아이들 눈망울은
초롱초롱 빛나고

침 튀긴 입술은
반질반질 말을 하네.

꽃들은 속삭속삭
금빛 햇살 탐하고

새들의 노랫소리
벌레들의 율동놀이

사랑을 나누네.
행복을 나누네.

모든 것 화려하고
모든 것 찬란하네.

꽃잎타고
구름타고

하늘을 날고 싶네.
세상을 날고 싶네.

산딸기

초여름 날 아침에
집 뒷산 산책길

풀숲 이슬에
가랑이 다 젖고

풀잎 향기에 반해 쫓다
돌부리에 걸채여 멈추는데

발갛게 익은 산딸기가
푸른 잎으로 몸을 가리고 있다.

새아씨 같이 고즈넉한 것
설레 임으로 수줍게 손을 내 미는데

잎이 손등을 할퀴어 따끔거리고
가시는 손바닥을 찔러 욱신거린다.

딸기 맛
상큼한 것이
톡 쏘는 풋 사랑 향기다.

하얀 몸으로 태어나
발갛게 성숙한 것
알알이 사랑 배였네.

하얀 몸으로 태어나
발갛게 이슬 머금은 듯
황홀하게 입 맞추고 싶네.

숲속에서

초록내음
아늑히 녹아있는

초여름 날
아침 숲속에 햇살 스미면

풀잎은
이슬 머금고 영롱히 반짝이고

나뭇잎은
나붓나붓 살랑인다.

산들
바람 소리 기분 좋고

돌돌
흐르는 계곡 물소리도 정겹다.

풀꽃은
시새워 향기를 폴폴 날리고

산새 우는 소리
애잔하게 아스라이 들려오네.

빠끔히 보이는

파란하늘에 별들이 소곤거리는 듯

숲속의
그윽한 어울림은 황홀하다!!

환희에 뛰는
내 가슴은 둥둥 구름타고

세상 구경하네!!

숲속의 코러스

숲속에
파르스름한 서기瑞氣가

싱그러워라.
황홀하여라.

착한 바람이
살그미 내 가슴 건드리고

키 작은 풀꽃들은
방실방실 나를 반기네.

연초록 이파리는
나불나불 춤추고 노래하고

새들도 흥겹게
널뛰며 노래 부르네.

계곡물 자르는 풀잎이
졸졸 조르륵 소리 맛내고.

아스라이 들리는
풀벌레 우는 소리 고와라

숲속을 흐르는

아름다운 선율에

아슴아슴
내 마음 취해

나를 잊어 버렸네.
나를 잊어 버렸네.

곰배령 트레킹

풀꽃이 좋아
곰배령 풀꽃구경 간다오.

원시림 숲속이 상큼하여
걷는 길이 절로 흥이 나네.

졸졸 계곡 물소리
가야금 산조이고

길섶 풀꽃이
아기자기 반겨오고

풀벌레 우는소리
산새들의 지저귐도
더 없이 말갛구나.

우와! 곰배령 장관이네!
오매! 오만가지 풀꽃 다 있네!!

함초롬한 것이
겸손하게 수줍어하고

여린 것이 강하게
소박한 것이 정겹게

천사의 얼굴로
세상을 품고 있네.

풀빛 내음
물씬물씬 가슴에 스미고

촉초근한 내 마음
미풍微風에 녹아드니

신선이 따로 없네.

풀꽃사랑

산에
들에

사뜻한
풀꽃들이

옹기종기.
띄엄띄엄

풋풋한 내음
살살 흘리며

화사하게
온몸으로

소리 내어
함박 웃는다.

풀꽃에 물든
나는 오색 꿈꾼다.

은방울꽃

동내 뒷산에
작고 앙증맞은

청초한
은방울꽃이

고아하고 밉살스럽게
참 곱기도 하네.

벌 나비
유희하고

바람소리 소곤소곤
꽃 마음 흔드는데.

여우비 소롯이 스치고
하얀 햇살 어른거리면

청향淸香이
피어오르고

쓸쓸한 외로움은
사랑이 가득 하네

각시붓꽃

5월의 파란 봄빛
연초록향기 머금고

꽃잎은 실바람 타고
나비되어 나불나불

산에 들에 풀잎에서
별꽃으로 수놓는다.

어디선가 들려오는
정감 있는 산새소리

걸음
멈추게 하는데

각시붓꽃
살포시 수줍게 웃고

내 가슴은
둥둥, 둥둥

설레고

제비꽃

그 여자를
공산성에서 처음 만났지

성벽을 따라 걷는데
보라 빛 꽃이 참 고왔지

그 여자가
제비꽃이라고 말해 주었지

청순한 꽃잎은
단아한 그 여자를 닮아 썼지

미세한 틈새
다소곳 자리 잡은 제비꽃

그 여자와 내가
제비꽃을 사랑하게 되었지

언제부터인지
한 지붕아래서

토닥토닥
제비꽃 사랑 다독이고

알콩달콩

사랑놀이 한다네,

잊지 않으리.
잊지 않으리.

청순한
제비꽃 사랑을

* 공산성: 충남 공주시에 있는 백제의 성곽

망태 꽃

자오록이 물안개
피어나는 낙동강 변

물안개 머금은
망태 꽃이

참
맑고 예쁘네.

앙증스런 것이
얄밉고 귀엽다.

한때는 잡초라고
짓밟히고 뽑히고,

쓰린 지난날들을
의연히 지켜왔네.

여린
망태 꽃이

군무로 어울려
회사하게

세상을 아우르네.

패랭이꽃

금정산기슭
백비白碑 묘지에

한 송이
하얀 패랭이꽃

말간 것이
참말로 맑은 것이

고적히
고운 것이.

서늘히
더더욱 고와 보이누나.

가신님
못 잊어

행여나
오시려나.

소복素服하고
곧추서 있는데.

나그네
발걸음은

말없이
더디기만 하네.

달맞이꽃

맑구나!
참, 맑구나!

너를 보면
고요한 기쁨이

찡하게
가슴에 와 닿는다,

요모조모
뜯어봐도

의심 없이
매력만 넘치는 너.

화사한 것이
순박한 것이

솔솔
피어나는 내음

그리워
잊을 수 없네.

별꽃

티
하나 없이

새
하얀 것은

고운님
보고파

님
향한 일편단심

그 자태
아련히

밤하늘
별이 되어

빤짝
빤짝 이네.

5부

코스모스 꽃길

장다리꽃

파도소리
간간이 들리는

언덕 위
초록 네 텃밭에

노랑
장다리꽃이 활짝 피었네.

아침이슬에
말갛게 치장하고

방실방실
귀엽게 웃고 있네.

노랑나비 향기 따라
나풀나풀 날아와서

보시시. 보시시
장다리꽃에 안겨드네.

꽃이 나비인지
나비가 꽃인지

사분사분 한 몸 되어
사랑놀이 하네.

산국화

하얀
억새꽃이 웅성거리는

승학산
언덕바지

노랗게 농익은
한 떨기 산국화

그 자태
연연한 것이

고렇게
고울 수가 없네.

세파世波에
인고忍苦의 나날을

말갛게
밝은 게

고렇게
고고할 수가 없네.

산국 향기

적막히 흐르고

무서리가
밤새내린 산야는

쌀쌀맞게
겨울 채비하네.

들국화

비슬산 기슭
송이송이 들국화

새하얀 것이
그지없이 청순하구나.

함초롬히
웃는 맵시 곱네.

밤새 찬 서리로
말갛게 단장하고

선선한 향기
한껏 품은 들국화

댕기머리
시골 누이 생각나

눈을
뗄 수 없구나,

땅벌은 애처로이
만미滿尾 꿀을 핥고

바람에
스치는 갈잎 소리

을씨년스럽다

코스모스 꽃길

우리 동네
코스모스 꽃길

하얀 꽃님이
빨간 꽃님이

아침 이슬에
고웁게 단장하고

마주보고
웃고 뽐내고

좋아서. 좋아서
안고. 비비고

간들거리며
소곤소곤하네.

소박한 것이
천사 같고

순박한 것이
사랑의 미고

청순한 것이
사랑의 극치네

순정의 꽃
시월 코스모스

붉은 단풍

붉은 단풍이
가을 산을 곱게 물들이고

푸른 강물이 곱게 물든
가을 산 따라 붉게 흐르네.

붉은 단풍이
내 몸을 곱게 물들이니

내 마음은 스치는 갈 빛 사랑에
붉게 사운거리네.

소슬바람소리는
발길을 재촉하고

붉은 단풍이
하롱하롱 떨어져

바람 따라
또르르

겨울 마중 가네.

갈꽃 여인

햇빛 드리워지는
갈꽃 사이길, 오후

어깨에 가방을 멘 여인이
호젓이 걷고 있네.

새들이 포르르 날으고
풀벌레 몸짓사리는 데

바람결에 서걱대는
갈 숲 소리만 무성하네.

아득한
그리움을 찾으려는

아득한
그리움을 지우려는

여인의
애련히 걷는 자색姿色이

서늘히
고와라

수묵화네.

가을 산

가을 산이 익고 있다.
가을 산이 발갛게 붉게 익고 있다.

하늘에서 골짜기로 등성이로
가을 산이 꼬닥꼬닥 다가온다.

골짜기 각선미는
잘 다듬은 남자의 근육질

등성이 곡선미는
다정한 고향 누나의 잘쏵한 허리춤

가을 산 내음은
새콤 달달한 능금 알

가을 산이 익고 있다
가을 산이 발갛게 붉게 익고 있다.

잘 익은 가을 산이

황홀하다!
경외롭다!

갈잎 소리

갈잎이
갈바람 타고

하늘하늘
떨어지네.

쓸쓸히
쓸쓸히

사그락
사그락

바스락
바스락

티 없이
빈 몸으로

고이
사위여가는 그대

향기로워라
아름다워라

봄이 오면
그대 연둣빛 소리로 오시려나.

아련한
그리움을 지피네.

낙엽

솔솔바람에
낙엽이 구르네.

소곤소곤 정답게
어디로 가는 걸까?

소슬바람에
낙엽이 굴러 가네

초연히 걷는 자국
그리움만 맺히고

스산한 바람에
낙엽이 나뒹구네.

쓰르륵 쓰르륵
채운 것 다 비우고

표표히 감실감실
가시는 님 잔영

고고히 그려지네.
고고히 그려지네.

가을 단상斷想

스산한 바람
쏴~아 훑고 간 자리

산새들이 떠나고
벌레 소리 멈춘 지 오래인데

빛바랜 잎새들만
삭막하게 서성이네.

삼라만상森羅萬象 섭리攝理는
보시布施하고 해탈解脫하는데

내 검은 머리털
하나 둘 없어지는 것

내 눈썹
하나 둘 하얗게 나는 것

잡지 못해
여린 슬픔이 젖는데

어쩐지
쓸쓸하기만 한 이 가을

적막히
외로워

가슴 시리네.
가슴 시리네.

겨울나무

당신이 좋습니다.
당신을 처음 만났을 때
당신은 여리게만 보였습니다.

당신이 연둣빛 잎으로 나에게 다가 왔을 땐
풋풋한 냄새가 났지요.
그윽한 향기로.

지난여름 지루하게 더운 날
당신은 살랑거리면서 또 나에게 다가 왔지요.
상큼한 향기로.

울긋불긋 불타는
지금의 당신은 한없이 숭고 합니다.
당신의 영걸은 향기는 온 세상을 뒤덮습니다.

지금은 불 타버린 당신을 보고 있습니다.
당신의 은빛 속살이 아름답습니다.
적막하게 아름답습니다.

당신의 곱고 따스한 속마음을
가슴으로 맞이합니다.

당신이 긴 잠을 깰 때까지
나는
당신 옆에 서서 기다리겠습니다.

당신이 좋습니다.

여정旅程

늙은이
둘이서 장밋빛 마음 되여
먼 나라 여행 간다고

힘내자, 힘내자 하면서도
지치면 어떡하지
걱정이 태산이다.

신들의 산 히말라야.
아그라 성 타자마할

유럽의 알프스.
아메리카의 그랜드 캐년.

캐나다의 나이야가라.
모스코바의 붉은 광장

여행 잘 갔다 왔다고
피곤한 여행 축복이라고

그렁그렁 감회에 젖어
막 마음을 놓는다.

좋은 세상

파란하늘

15.000m 상공에서
850 mile 시속으로 나는
KE905
스카이라운지

땅콩을 놓고
위스키를 홀짝이며

아시아를 유럽을 대양주를
아메리카를 아프리카를

온 세상
보고 또 보았네.

좋은 세상.
참말로 좋은 세상이네.

다뉴브 강

먼 지난날에

소용돌이쳤든 핏빛강물이
일렁이는 아우성으로

하염없는
혼돈의 날들을 보냈었지

슬픈 상처는 세월에 묻혀
이제는

풀빛 강물이 남실남실
융융히 흐르고

요정妖精의 노래 소리
은은히 들리는 듯

숲속 붉은 지붕은
중세를 보는 듯

강물이 빚은
자연의 평화로움이

더 없이 아름답네.
예술이네,

시고
음악이네.

동동거리는 감동이
나를' 나를 춤추게 하네.

* 다뉴브 강은 독일 남부에서발원 오스트리아 체코슬로바키아 헝가리 유고슬라비아 불가리아 루마니아 우크라이나를 거처 흑해로 흘러드는 유럽에서 두 번째 긴 강

인도 기행

- 부제 : No Problem -

뒤죽박죽 혼돈의 질서라도
괜찮아. 괜찮아. 문제없어!
자연이 준 오래된 질서야

소, 말, 개, 양이 도로에서 뒷골목에서
노숙인과 함께 잠을 자고
거리의 쓰레기로 배를 채우고
차선도 없고 건널목도 없고 교통순경이 없는 도로를
자동차는 드렁드렁, 오토바이는 쌩쌩, 릭샤는 헉헉
빽빽이 오가는 거리를 사람들과 같이 노닌다.
괜찮아. 괜찮아, 문제없어!
자연이 준 오래된 질서야

갓길 가게에 주인의 후덕으로
파리가 까맣게 앉아 향연을 벌린다.
쫓지도 않고 잡지도 안한다.
생명이다. 아주 옛날부터 그렇게 살아 왔어
괜찮아, 괜찮아, 문제없어!
자연이 준 오래된 질서야

바라나시의 갠지스 강물은 성수다.
배설하고 빨래하고
사원에서 화장火葬한 잔여물을 흘러 보내고
고행하는 순례자가 여행자가

목욕하고 기도하고 마신다.
배탈도 없어, 설사도 안 해
괜찮아, 괜찮아, 문제없어!
자연이 준 오래된 질서야

세상은 변해도 변하지 않는 것
자연의 순리고 우주의 법칙임을

*릭샤 : 사람이 끄는 교통수단

인도 갠지스 강의 25시

여명黎明에
바라나시의 갠지스 강물은

잿빛구름 흐르면
검붉게 너울대고

강변 사원의 불꽃향연은
영혼들을 천국에 들게 하고
또 다른 영혼들은
강물에서 이승의 경계 넘고

고행하는 남녀노소 순례자가
강물에 몸을 담아 마음 씻고

힌두교 사제가
노을빛 강가에서

북소리 나팔소리 종소리 울려 퍼지면 단에 향을 사르고 촛불을
켜고 성수를 올리고

순례자가 여행자가 행려자가
세계인이 누구나 함께 어울려
기도하고 합장하고
경건하게 신들을 부르고
박수치고 노래하고

해탈을 외치고
무아로 신에게 다가 가
소원을 빈다.

잔잔한 갠지스 강물은
고요히 흐느끼며

희열에 잠든다.

*바라나시: 인도 갠지스 강의 연안도시로 힌두교 최고의 성지

고당봉姑堂峰에 올라

금정산 정상
고당봉에 올라
숨결 고르고
평온한 마음 되찾는데

할미신이
내려가는 길은 더 힘들어

가진 것 다 버리고
가벼이 가라 그러네.

바위울림 소리
청아하게

선들선들
코끝을 스치고

가슴에
부딪쳐 메아리친다.

아득히 트인 산야
산수화 진경이고

빛바랜 하얀 억새꽃이
고적히 해탈하고

보라 빛
구절초 꽃 잔향에

내 마음
젖어

환희가
가득히 전신에 물든다.

비목공원

강원 화천 평화의 댐 언저리
비목공원

햇살 소리
사르륵 들리는 듯

기막히게
고요하고 평화스런 그곳

나라꽃으로 둘러싸인
돌무덤 십자가 비목

녹선 철모는
그날의 참상을 보듯

화강석에
새겨진 애잔한 비목 노랫말

소리 없는 슬픔이
서럽게 가슴을 울리네,

장엄하게 순국한
육이오의 호국영웅
우리는 그대들을

잊지 않으리.

영원히
그리워하며 기억하며

영원
영원히 기리리라.

자작나무

강원 인제 원대리
자작나무숲

은회색 빛 감도는
미끈한 것들이

우아하게
어우러져 춤추고

영혼의 소리
잔잔히 흐르는 듯

순수한
아름다움은

깊이를
알 수 없네,

내면의
고아한 기품은

시크하고
매력적이다

자연이 빚어내는
빛나는 예술藝術이다

처음처럼, 다시

먼먼 살아온 길
먼먼 살아 갈길

그새
한참

나이 드니
내가 보이네.

적막하게 등이
굽은 내가 보이네,

먼먼 살아온 길
되돌아보고

먼먼 살아 갈길
멈춤 없이 올곧게

처음처럼, 다시
시작하자고

마음 추스른다.

사랑하는 내 가족에게

책을 읽으면 마음이 밝아져요.
책을 읽어 세요.
책을 읽기 싫으면 책 표지라도 보세요.
그것도 싫으면 책 냄새라도 맡아보세요.

책을 읽으면 마음이 밝아져요.
책속에는
영혼을 아름답게 하는 지혜가 있습니다.
영혼을 빛나게 하는 지혜가 있습니다.

책을 읽으면 마음이 밝아져요.
삶은 그 자체가 정직해야합니다.
그것은 가장 인간다운 것이기 때문입니다.
아름답지 못한 삶은 늘 불안한 모습으로 보입니다.

책을 읽으면 마음이 밝아져요.
하루가 즐겁게 지나갑니다.
평생을 즐겁게 지나갑니다,
우리의 삶이 보입니다.

사랑하는 내 가족에게
오늘이 참으로 소중한 날임을 알아야 합니다.
인생의 마지막 날인 것처럼 살라는 말이 있듯이
열심히 살아야합니다

사랑하는 내 가족에게
가정의 힘은 사랑입니다.
그것은 하늘의 뜻입니다.
감사한 마음으로 하루하루를 맞이하세요.

고마운 사람

내가 당신을 만난 것은 큰 행운이었어요.

당신은 내 영원한 사랑
당신에게 사랑을 배우고 알았어요.
당신이 나를 바른길 가게 하였어요.

세상이 아름답다는 것도
세상이 살맛난다는 것도
당신이 말하여 주었어요.

당신이 있어
즐거운 마음으로
열심히 일하고 바쁘게 살았어요,

나이들 면서
쓸쓸하다는 생각을 해 보았어요.
순리에 따른 인간의 겸손인가? 하고 요

고마운 사람
당신을 마음고생 많이 시켰어요.
내 생에 마지막 날까지 사랑 하면서 살아가겠어요.

당신을 사랑합니다.

시인의 말

내가 살아온 길

快兒 **박 경 수**

나는 경상북도 청도군 풍각면 성곡리 552번지에서 1937년 1월 15일에 아버지 박병만朴炳萬 어머니 하문수河汶洙 두 분 슬하에서 7남매 중 맏이로 태어났습니다. 우리 집의 가업은 평범한 농사일이었습니다. 부모님은 억척스레 농사일을 하시면서도 배워야 앞날을 볼 수 있다고 자녀들에게는 공부만 하라고 하셨습니다. 그래서 어려운 가정 형편에도 풍각초등학교, 청도 모계중학교, 대구 대성고등학교를 졸업하고 대학 진학을 못하고 방황할 때에 부모님께서 "우리 주위를 보아라. 대학교는 우리 형편에 지금은 어려운 일이다. 여행을 좀 하고 오너라. 그리고 다시 시작하자. 우리는 너를 믿고 있다."고 격려 해주셨습니다.

부모님께 걱정을 끼치면서 나의 진로를 고민하며 힘들어하고 있는데, 면사무소에서 입영통지서를 받았습니다. 군에 입대하여 논산훈련소를 거처 강원도 화천 21사단 보충중대본부에서 서무계 일을 시작으로 미군7사단 통신대대 카투사(KATUSA)로 근무하였고, 전역 2 개월을 앞두고 12사단으로 전출되어 만기제대를 하고 집에서 부모님의 농사일을 도우면서 대학의 꿈을 꾸고 있을 때, 1961년 5. 16군사혁명이 있은 후, 정부부처에서 인력 공채를 할 때에 교도관직에 합격하여 서울 국립교도관학교에서 소정의 과정을 이수하고 충남공주교도소에서 처음으로 공직을 시작하였습니다.

2 년여 동안, 적성에 맞지 않아서, 교도관 생활에 적응하지 못하고 힘들어 하고 있을 즈음에 동료직원인 집 사람을 만난 뒤로 내 마음이 안정되었고, 스스로 나 자신을 추스르는 계기가 되어 이후 연고지를 따라 부산교도소로 전근을 해오고, 집사람도 이내 부산교도소로 전근을 와서 안정된 생활을 할 수 있었습니다.

부산으로 전근을 와서는 교도관직을 사임하고, 1970년에 부산시 행정직 공무원 9급 공채시험에 합격하여, 사상구 학장동사무소 근무를 시작으로 부산진구청, 북구청 사상구청, 위생처리사업소 등에서 근속하며 사무관으로 승진하여 사상구 주례3동 동장 직을 수행하고, 1996년 7월16일에 정년퇴임을 하였습니다.

2010년에 '길'이라는 시창작동인회의 동인으로 활동하면서 시작(詩作)활동을 계속해가고 있습니다. 제2인생을 시와 함께 할 수 있어서 행복하고 보람찹니다.

되돌아보면,

한 세상 바쁘게 살았습니다.

한 세상 부끄럼 없이 살았습니다.

한 집안이 화목하게 잘 살았습니다.

하루하루를 책을 읽는 기쁨으로 감사하게 살아가고 있습니다.

부족한 글들입니다만,

저의 삶을 담았습니다. 저의 가슴을 담았습니다. 저의 사랑을 담았습니다.

저의 인생의 작은 편린들이, 이글을 읽으시는 분들께 '**소소한 즐거움**'으로 다가가기를 소망해 봅니다.

퇴임 후에 아이들의 권유로 컴퓨터를 접하게 되었습니다. 컴퓨터로 나를 기록할 수 있도록 가르쳐준 고병균 선생님 고맙습니다.

'시창작법' 강의로 시인의 길을 열어주셨고, 이어서 '길동인' 활동을 통해서 지속적인 지도를 해주셨으며, 또한 이 책을 출판하기 위해서도 애를 써주신 문학박사 하상규 교수님께 깊은 감사를 드립니다.

끝으로 일생을 함께해온 동반자 김미자님과 이 책이 나올 수 있도록 성원을 다 해준 '보아' '중우' '민우' 사위 며느리 손주들에게도 감사의 말을 전한다.

추천사

쾌아(快兒) 박경수 시인은

문학박사 하 상 규

쾌아(快兒) 박경수 시인과 추천자와의 연은 11 년 전 공무원연금공단부산지부에서 시행한 아카데미에서, 박경수 시인이 나의 시창작법 강좌를 수강함으로써 시작되었다. 이어서 수강생들이 결성한 시창작동인회 '길'에서 박경수 시인이 동인으로 활동하고, 나는 동인회의 지도교수로 있으면서 연을 이어왔다.

쾌아(快兒) 박경수 시인은 산 좋고 물 맑으며 민풍이 고운 경북 청도 출신이다. 시인은 가난하고 소박한 농가에서 7남매의 장남으로 성장한 분이다.

눈으로 보지 않아도 시인의 삶이 눈에 선하다. 가난한 농군 집안의 장남이었으니, 그에게 거는 부모님의 기대도 컸을 것이고, 지어진 멍에도 무거웠을 것이다. 그래서 시인은 자신의 가정과 삶을 돌보지 않고, 공무원의 박봉으로 부모님을 공양하고, 6형제 동생들을 교육시키고 출가를 시키기까지 많은 희생과 헌신을 하는 삶을 살았을 것이다. 이것이 그의 시에 묻어난다. 그의 시에는 부모님을 절절히 그리워하는 효성이 곡진하다. 그리고 형제간에 우애하고 사랑했던 마음과 삶이 드러난다.

시인은 장남으로서의 무거운 짐을 스스로 자신에게 주어진 책무로 인식하고서, 일찍이 진학을 포기하고 법무부 산하 교도관으로 공무원 생활을 시작하여, 부산시 산하 행정공무원으로 일생동안 봉직하였다. 경륜을 쌓아 사무관으로 승급하여 동장이라는 중임을 수행하고 명예로운 정년퇴임을 하였다.

시인을 가까이서 보면, 시인은 성품이 근엄하고 정숙하며 겸손하시다. 그리고 일생을 정직하고 성실하게 살아오신 분임을 직감할 수 있다. 그의 글들을 읽으면 후덕하고 올곧은 성품과 겸손한 삶이 묻어난다.

그리고 일생동안 책 읽기를 생활화해 온 분이다. 그래서 시인의 시는 다정다감하고 시상(詩想)이 깊고, 시어(詩語)의 폭이 넓다. 쾌아의 시는 리듬이 간결하고 경쾌하다. 때로는 민요풍이 있고, 때로는 동심이 있고, 때로는 깊은 철학이 있다.

필립 시드니(Philip Sidny)는 시(詩)는 그 사람이라 했다. 쾌아 시인의 시에는 그의 삶이 있다. 정직하다. 순수하다. 사랑이 있다. 성실함이 있다. 정서가 곱다. 그의 시에는 애향심 짙은 향수가 풍기고, 가족애, 형제애, 부모님에 대한 그리움이 있다. 긍정적이고 따뜻하다. 마음이 파란 들판처럼 순수하고 포근하다. 시풍이 잔잔하다.

글이 시가 되려면 내용(의미)이 감동적이거나 정서가 곱거나 표현 기교가 능란하거나 리듬이 고와야 한다면, 시인의 시는 정서가 곱고 리듬이 밝고 경쾌하며 간결하다.

여기 순수하고 소박한, 그리고 고운 리듬에 고운 정서를 담은 아름다운 시가 있다. 한 사람의 일생이, 삶이 담긴 시가 있다. 어렵지 않게 읽혀지나 감치는 맛이 있다. 독자들의 일독을 권한다.

끝으로 쾌아 시인의 문운이 꽃처럼 피어나기를 기원 드린다.

소소한 즐거움

쾌아 **박 경 수** 시집

2020. 2. 24일 인쇄
2020. 3. 2일 발행

발행인 : 박경수
펴낸이 : 하상규
펴낸곳 : 새문화출판사
등　록 : 2009년 12월 3일 제2009-000008호
주　소 : 부산광역시 동래구 안락1동 522-6
전　화 : 051) 522-1607 팩　스 : 051) 522-1607
인　쇄 : 한글그라픽스 TEL. 051) 632-7842

ISBN 978-89-964486-5-5
값 10,000원